AF360131

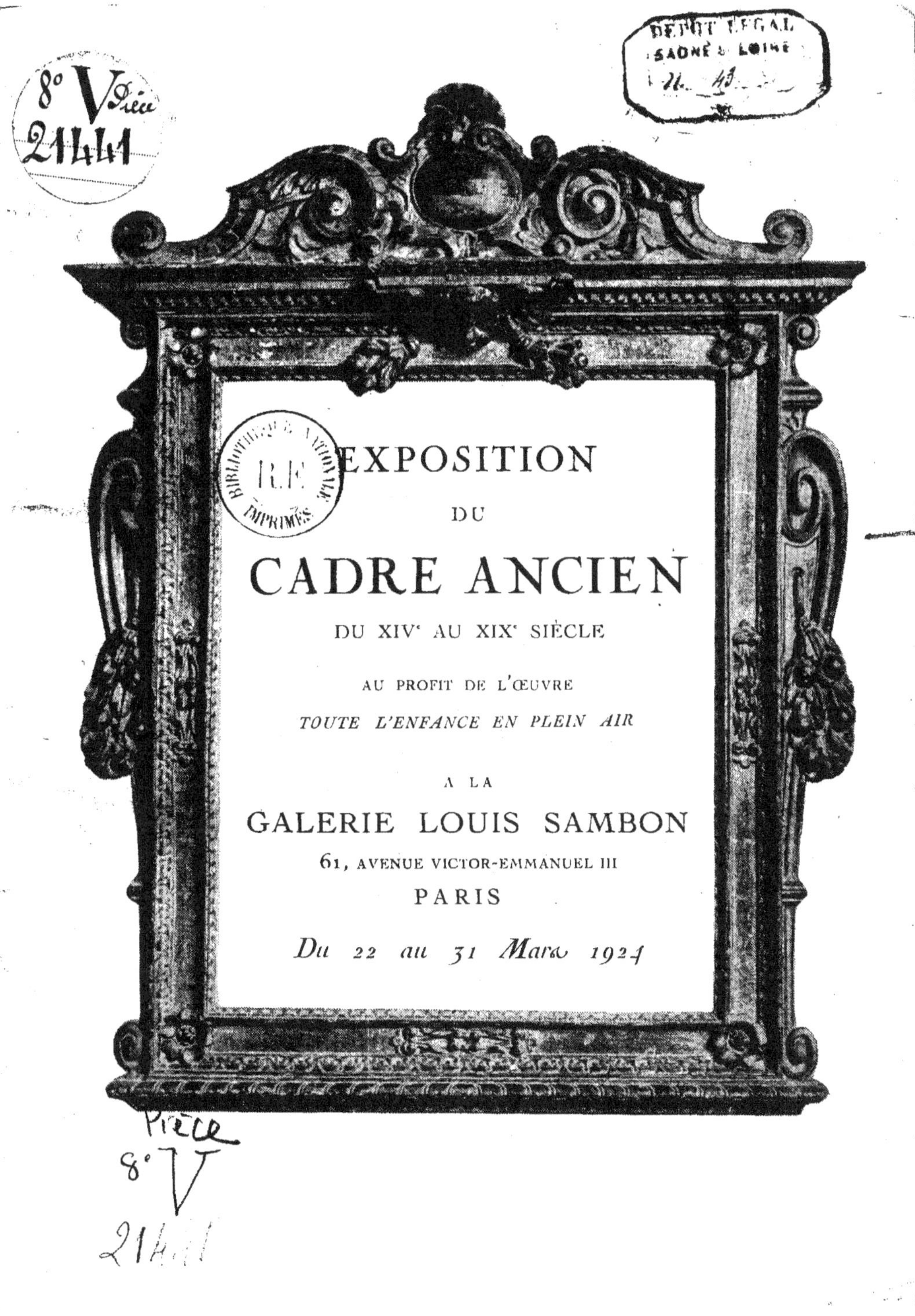

EXPOSITION

DU

CADRE ANCIEN

DU XIVᵉ AU XIXᵉ SIÈCLE

AU PROFIT DE L'ŒUVRE

TOUTE L'ENFANCE EN PLEIN AIR

A LA

GALERIE LOUIS SAMBON

61, AVENUE VICTOR-EMMANUEL III

PARIS

Du 22 au 31 Mars 1924

LE

CADRE ANCIEN DU XIVe AU XIXe SIÈCLE

PAR ARTHUR SAMBON.

'Exposition du cadre ancien, à la Galerie Louis Sambon, a un but bien déterminé : c'est celui d'offrir aux artistes décorateurs, en vue du concours Camondo[1] créé dans le but d'établir un modèle de cadre moderne, un aperçu de ce que leurs prédécesseurs avaient accompli dans l'art de l'encadrement. Nous avons réuni à cet effet des cadres, de formes et de décors très divers, en toutes matières et de toutes les époques. Les exemples que nous produisons vont du XIVe siècle jusqu'à l'insurrection de 1848.

La Grèce a connu la peinture de chevalet, le tableau qui par lui-même est un tout, et elle a créé le cadre mobile qu'elle désignait par le mot de περίβολος. Nos renseignements sur ce point ne remontent pourtant pas au delà de la basse époque grecque et de la période romaine. Pline parle de peintures grecques détachées du temple qu'elles décoraient et conservées dans des châssis de bois. Le Musée Britannique possède un portrait sur bois, peint à la cire, et découvert par M. Petrie dans un tombeau de Fayoum, à Haouara, qui est fixé dans un cadre de bois composé de quatre montants munis intérieurement d'une double rainure, dont une destinée à retenir un verre. Il nous parle également de la peinture sur panneau de bois encadrée *(tabula marginata)*.

En Italie, l'industrie du cadre reçut, au moyen âge, une impulsion subite avec la vogue de l'icone que les seigneurs emportaient avec eux en voyage. C'étaient des réductions des grands triptyques qui ornaient

1. Ce concours aura lieu en avril, à l'Union centrale des Arts décoratifs. Paris, Pavillon de Marsan, 107, rue de Rivoli.

les autels des églises et que les peintres byzantins, réfugiés en Italie, avaient mis à la mode. Le cadre faisait alors corps avec le panneau peint, et, de ce fait, était sculpté avant l'exécution de la dorure et de la peinture.

Quelques-uns de ces encadrements étaient agrémentés d'incrustations de verre, d'os, d'ivoire, ou bien recouverts de stuc et ornés de gaufrures à effets alternés d'ors mats et brunis. Dans la collection Barsanti de Rome, j'ai noté un encadrement du XIIIe siècle formé d'un treillage en bois doré dont les losanges renferment des verroteries bleues à *fondo d'oro* ; dans notre exposition l'on pourra voir au n° 1, un exemple d'encadrement, renfermant un damier, avec *intarsi alla certosina* et plaques d'os sculptées par les *Embriachi*, artistes du nord de l'Italie du XIVe siècle, qui s'étaient spécialisés dans ce genre d'ornementation.

Le n° 2 nous offre un modèle sobre des cadres italiens du XVe siècle, à montants plats ornés de ces fines sculptures à rinceaux, chimères, bambins et flambeaux, qui se voient si souvent sur les encadrements en marbre des bas-reliefs de la Renaissance italienne. L'art italien du XVIe siècle, débordant de sensualité, a librement mis dans les bordures des tableaux tous les motifs de stylisation dont il disposait, et nous sommes heureux d'en montrer des exemples typiques. Voici (n° 15 de la pl. III), sur un grand cadre sculpté à reliefs d'or bruni sur fond d'or gaufré, deux ceps de vigne qui se rejoignent et que des liens de jonc enserrent ; voici, sur des cadres à larges plats, des exemples variés de cette fine gravure pointillée sur fond d'or bruni dont les Italiens furent les inventeurs ou, du moins, les plus habiles interprètes ; voici encore des exemples de ces cadres « à tabernacle » ornés de rinceaux en pâte de riz (n° 16, pl. III), ou bien de ces cadres discrets où des mi-reliefs, — *schiacciati* —, à peine perceptibles, rompent délicieusement la monotonie de la dorure polie au brunissoir et savamment nuancée de rouge ou de vert ; mais voici surtout de beaux exemples de ces cadres vénitiens de l'époque des Giorgione et du Titien, où un léger dessin d'or bruni sur fond peint en bleu s'allie harmonieusement à des bordures sculptées et dorées (n° 17 de la pl. III).

Nous citerons un cadre extrêmement rare le (n° 12 de la pl. II), construit évidemment pour un portrait, avec une bordure entablée, et, dans le bas, une tablette à cartouche rectangulaire fixé par des rubans sculptés. Vers la fin du XVIe siècle et aux débuts du XVIIe, de nouvelles données artistiques, dépendantes de l'évolution de l'art architectural, s'emparent du cadre. Nous savons combien, à cette époque, le meuble, en général, a de rapports avec les formes constructives et le décor de l'édifice. La forme du cadre est, pour ainsi dire, assujettie aux formes des fenêtres à frontons grecs des édifices florentins. Bartolommeo Ammannati, l'ami de Michel-Ange et d'autres ornemanistes influencèrent et dirigèrent les sculpteurs en bois qui travaillaient pour la Cour des Médicis. Le cadre du miroir surtout, devint une réduction en miniature des fenêtres des palais les plus célèbres. La dorure fut alors souvent négligée ; l'on préféra le noyer ciré rehaussé de pointes d'or. C'est l'époque des sculpteurs que l'on a appelés « architecturaux » mais que leur maîtrise assimile presque à des orfèvres.

Nous avons réuni un ensemble important de cette catégorie de cadres italiens qui est d'autant plus intéressante qu'elle eut, sous Henri III surtout, une très grande influence sur l'art de l'encadrement en France.

A côté de ces cadres en noyer à rehauts d'or, se développe soudain l'industrie des petits cadres de miroirs ou de portraits en miniature, construits en ébène et enjolivés d'incrustations de métaux ou de pierres semi-précieuses : agates, lapis, grenats. Nous en exposons un choix important (pl. II, nᵒˢ 8, 9 et 10) ; ils sont presque tous surmontés d'un fronton entrecoupé et ornés de colonnettes fuselées en bronze doré, en albâtre, en lapis ou en bois peint ; elles témoignent souvent d'une maîtrise à laquelle nos meilleurs ouvriers d'aujourd'hui ne pourraient prétendre.

Les cadres italiens des xviiᵉ et xviiiᵉ siècles, de style « rococo » offrent également une très grande variété et sont chargés des ornements les plus divers : plaques en argent repoussé, filets de métaux, marbres, nacre, écaille, ambre, etc. Bon nombre sont de formes fort disgracieuses, quelques-uns imitent lourdement les motifs français ou allemands ; il y en a pourtant de ravissants qu'il faut chercher surtout parmi les ouvrages vénitiens. Ces derniers offrent des rocailles amusantes, des chinoiseries bien drôles, de jolis effets de colorations au vernis sur fond d'or. Le cadre vénitien de ces époques est, au cadre français, ce qu'est une fresque de Tiepolo à une fresque de Boucher ou de Lemoine. C'est le brio italien à côté de la verve française ; moins on les analyse tous deux et plus on les goûte tour à tour. Le cadre en métal est fréquent à cette époque et, même quelquefois, le sculpteur en bois imite la technique du bronzier (nᵒˢ 33-35 de la pl. VIII).

Mais venons au cadre français. Ceux de la Renaissance sont très rares, aussi n'avons-nous pas pu en réunir beaucoup. On trouvera sur nos planches deux fragments de la coll. Loyer, qui sont de toute beauté ; je crois aussi français de facture, bien qu'italien de style, le n° 3 de la pl. I, petit cadre rectangulaire en noyer à rehauts d'or, d'une sculpture excessivement fine. A l'École de Fontainebleau se rattache un cadre, également de style italien, de la coll. Larcade. Il est en cuivre doré et enjolivé de plaques en lapis et agates. La sculpture, représentant des figures de la Renommée ou des sujets de chasse, des masques de Gorgone, des trophées, est digne du burin de Benvenuto Cellini.

L'art français, sous Henri II et ses successeurs immédiats, s'arrête aux formes les plus simples de l'architecture italianisante dite de *style jésuite*, y apportant néanmoins ses qualités de goût pondéré. Sous Louis XIII, le cadre resta encore longtemps dans les données sévères dont des ornemanistes célèbres comme Delaporte et Du Cerceau furent les meilleurs inspirateurs ; mais les artistes français ne pouvaient pas oublier les merveilleuses créations décoratives de la période gothique, même aux temps où cet art médiéval était considéré comme barbare. Ces *souvenirs* trouvèrent une place sur les bordures de tableaux sous forme de rinceaux de roses et de feuillages. Les cadres du règne de Louis XIII sont ornés de fruits et de fleurs disposés au milieu d'épais feuillages, de têtes d'anges ailés, de cartouches formés d'entrelacs découpés, de palmes, etc. Le travail en est précis, précieux même. La province rivalisa avec Paris, et César Bagard de Nancy sculpta, sur des encadrements, des décors merveilleux de fleurs dans ce bois de cerisier aux beaux tons roux et à la fibre serrée des forêts de Sainte-Lucie. Nous en montrons un excellent exemple tiré de la coll. de M. Landau.

Le siècle de Louis XIV, — le grand siècle — avec le réveil du sentiment national et l'éclat d'une monarchie naissante, vit surgir une prodigieuse école d'art décoratif subventionnée par la Cour et destinée surtout à exalter, par la beauté de ses efforts, la grandeur du Règne. Le cadre fut ce qu'il devait être : pompeux, éclatant ; la dorure en fut le complément indispensable. Nous avons choisi dans la coll. du baron Eugène Fould un exemple typique de ce cadre triomphal (Pl. V, n° 21). Avec la Régence et le règne de Louis XV, du grandiose nous passons au gracieux ; les lignes droites cèdent la place aux contours ondulants ; les motifs largement traités, aux menus décors. Ce fut Nicolas Pineau qui imagina le contraste dans les ornements et les formes et qui enjoliva en l'accentuant le galbe sinueux. L'ornementation du cadre suivit cette mode : les montants se bombèrent ; ce ne furent que rinceaux entortillés, brisures de coquilles, volutes capricieuses.

Les collections Gay, Bourdier et Loyer nous montrent de ravissants exemples de cet art chantourné de la première moitié du XVIIIᵉ siècle, contre l'abus duquel, le groupe polissé et éclairé qui·entourait la marquise de Pompadour se plaisait déjà à protester vers 1760. La réaction pourtant ne s'affirma que quinze ans plus tard, sous Louis XVI. Le mobilier fut alors ramené à des formes plus sévères ou du moins plus discrètes. Les artistes s'appliquèrent à enjoliver par la préciosité du travail la simplicité des formes droites. Tous les motifs de la Renaissance furent, sous l'habile direction des peintres ornemanistes tels que Huet, Prévost, Lagrenée, habilement repris avec un esprit nouveau, et la découverte de Pompéi fournit même des éléments classiques appartenant à une période de l'antiquité où la préciosité avait été déjà poussée à l'extrême. Les cadres furent d'un goût exquis, tantôt de formes très simples et de décor délicieusement discret, tantôt ornés de colombes, de flambeaux, de guirlandes, d'attributs pastoraux, avec une recherche et un sens des valeurs tous deux inimitables. Il nous suffira de citer l'admirable cadre rectangulaire de la collection Loyer (n° 27 de la pl. VII), avec son cartouche découpé, de style Renaissance, ses souples guirlandes de fleurs, sa fine moulure.

Mais déjà, sous Louis XVI, la science portait un coup mortel à l'art du cadre. En 1765, Renaud inventait les mastics ou pâtes économiques, et, vers 1770, on trouvait le moyen de mouler le bois pour la sculpture.

L'art du cadre n'eut que peu d'éclat sous le Directoire, sous le Consulat et l'Empire ; par contre il fut charmant pendant la période romantique. Nous en donnons un exemple d'une belle tenue.

Et maintenant examinons ce que peut donner notre siècle. On a laissé tomber cet art bien bas ; aussi devons-nous nous efforcer de le relever. Whistler, Degas, Manet, avaient choisi pour leurs tableaux un type de cadre sans dorure, très simple, ce que les encadreurs appellent le *boudin strié*. C'est par la simplicité, en effet, que doit renaître cet art, puisque ceux qui le pratiquent doivent presque, comme des enfants, réapprendre leur métier. Que nos encadreurs commencent par nous donner une belle assise avec de fines moulures ; l'ornemaniste leur fournira sans peine des motifs admirables de stylisation, les mêmes qui déjà ont contribué au renouveau des arts du fer forgé, des boiseries et des tissus.

Ce qu'il faut surtout, c'est l'abandon des copies stériles.

LE CADRE FRANÇAIS

DU XVIᵉ AU XIXᵉ SIÈCLE

PAR MAURICE LOYER.

Le cadre est la bordure, stylisée ou non, d'un objet plan : tableau, bas-relief, etc..., il en souligne l'importance, il en est le complément et l'ornement ; il l'enveloppe, en un mot il l'habille.

De même qu'une parure ou un vêtement rehausse l'éclat de la beauté d'une jolie femme, de même le cadre met en valeur l'œuvre d'art qu'il entoure. Il peut être mobile ou faire corps avec l'objet encadré.

Il n'est donc pas indifférent de placer telle ou telle bordure autour d'une œuvre d'art. Les artistes d'autrefois avaient bien compris toute l'importance de l'encadrement, ils donnaient tous leurs soins à cette partie si utile de l'art décoratif, pénétrés qu'ils étaient de ce principe que l'œuvre d'art ne produit son plein et entier effet qu'à la condition d'être présentée dans le cadre qui lui convient

Le terme usité aujourd'hui pour désigner celui-ci est impropre ; nos aïeux l'appelaient bordure, expression beaucoup plus heureuse que la nôtre ; les Latins employaient le mot *corona* (corniche) et Pline, parlant d'une peinture sur bois encadrée, la nommera *tabula marginata*. Mieux inspirés que nous, les Italiens se servent du mot *cornice*, dont nous avons fait corniche ; nous autres, Français, avons adopté le mot cadre qui vient du latin *quadrum*, carré, terme au moins inexact, car il est des cadres ronds ou ovales.

Quoi qu'il en soit, le cadre, tel que nous le concevons aujourd'hui, est la bordure mobile qui entoure une œuvre d'art, un tableau dans l'immense majorité des cas, mais cette conception de l'encadrement est de date relativement récente.

L'antiquité, à quelques exceptions près, l'ignorait. Jadis, la bordure faisait partie de l'objet encadré par elle et était faite, par conséquent, de la même matière que l'œuvre d'art qu'elle devait mettre en valeur. Tel, le cadre apparaît dans le décor égyptien ou chaldéen, dans les bordures des fresques pompéiennes, des mosaïques grecques ou romaines, et le sculpteur antique faisait sortir du même bloc le bas-relief et son encadrement.

Nos aïeux du moyen âge n'agirent pas autrement lorsqu'ils voulurent orner d'une bordure les œuvres dues à leur ciseau ou à leur pinceau.

Le cadre mobile n'apparaît, en France, que vers la fin du xve siècle. Destiné le plus souvent à entourer des images pieuses, il rappellera, dans sa forme générale, la merveilleuse architecture de nos cathédrales, évoquant dans sa composition les portails aux délicates ogives. Fait de marbre, de pierre ou de bois, il réalisera l'apparence d'un rétable portatif, destiné à orner l'image sainte d'une bordure digne d'elle.

Dès lors, du xvie au xixe siècle, le cadre suivra l'évolution artistique des générations qui se succéderont sur notre sol, chacune de celles-ci venant le modifier, le transformer, lui donner un aspect nouveau, un caractère propre qui permettront de distinguer l'apport de chacune d'elles à l'œuvre de l'encadrement.

Cette originalité est constituée pour chaque type de cadre, quelle qu'en soit l'époque, par une mouluration dont la coupe ou profil est caractéristique de l'époque à laquelle le cadre appartient; ces moulures se distinguent toujours des types employés dans d'autres pays, par la précision de leurs plans, l'élégance de leurs lignes et de leurs gorges. Cette originalité apparaît également dans le choix des ornements constitutifs du décor de la bordure et enfin elle est encore nettement établie par la façon dont le sculpteur et le doreur interpréteront, suivant l'époque, l'œuvre qu'ils sont chargés d'exécuter.

C'est grâce à ces divers éléments d'appréciation qu'il est permis d'assigner aux cadres anciens du xvie au xixe siècle, leur place dans les diverses périodes de l'art français, chacune d'elles ayant sa formule propre, c'est-à-dire son style.

Bien qu'il soit impossible de déterminer la date précise à laquelle le style des cadres s'est modifié au cours des siècles, on désigne néanmoins ceux-ci par le nom des divers souverains qui se succédèrent sur le trône de France, en particulier durant le xviie et le xviiie siècle et cela pour simplifier la classification; il n'en est pas moins vrai qu'un cadre

Louis XIII peut avoir été exécuté au début du règne suivant et qu'un cadre dit de la Régence a, peut-être, été composé à la fin du règne de Louis XIV ou au début de celui de Louis XV, sans compter que la province fut toujours en retard sur Paris. Point n'est besoin d'insister là-dessus et il est bien évident qu'un style ne disparaît pas avec le souverain qui lui donna son nom, même si tant est qu'il l'ait jamais inspiré.

Si nous étudions les diverses modifications qu'il a subies durant les siècles passés, nous constatons que jusqu'à la fin du xve siècle, le cadre français a conservé la forme hiératique, évoquant les rétables de nos cathédrales, aux arceaux gothiques fleuris de clochetons et de mouchettes, aux colonettes jumellées soutenant une sorte de dais. Ces cadres, fort rares, étaient faits de bois, de marbre ou de pierre. Peu d'entre eux sont parvenus jusqu'à nous.

Dès la fin du xve siècle, après les campagnes de Charles VIII et de Louis XII en Italie, notre art décoratif subit l'influence des maîtres transalpins, sans toutefois abandonner définitivement les traditions françaises. L'encadrement suit le goût du jour. L'ogive va bientôt céder la place aux formes moins archaïques ; le plein cintre ou l'arc surbaissé ornera le fronton des nouvelles bordures ; des moulures simples, faites de lignes parallèles ou d'enroulements, remplaceront les colonnettes disparues. Tels sont les nouveaux aspects des cadres français dans les premières années du xvie siècle.

Mais la faveur dont jouissent les Italiens s'affirmera de jour en jour sous le règne de François Ier et de ses successeurs ; aussi, abandonnant définitivement l'ogive, nos artistes choisiront-ils outre monts les modèles de leurs bordures. Il est assez difficile de distinguer entre leurs productions et celles des Italiens, à cette époque. Ceux-ci composèrent ces cadres rectangulaires à forme de tabernacle dont le style évoque le souvenir des monuments de l'antiquité. Le cadre de la Renaissance imite tantôt la façade d'un temple romain avec son entablement, ses corniches, son fronton, tout un ensemble architectural soutenu par des colonnes ou des pilastres, tantôt l'entourage d'une fenêtre, au fronton supporté par des cariatides, le tout agrémenté d'une foule d'ornements tels que perles, oves, olives, entrelacs, rubans, etc...

Nos cadres français, bien que rappelant la même forme générale, seront cependant d'une exécution plus simple et plus précise, à la fois. Leur bordure sera presque unie, limitée seulement par de fines moulures. L'adjonction de quelques ornements viendra seulement modifier, de place en place, la sobriété de l'ensemble, et quelquefois un fronton leur servira de couronnement.

En résumé, le cadre français du XVIᵉ siècle se fera remarquer par l'élégance de ses moulures, la pondération de ses motifs décoratifs et l'habileté qui a présidé à son exécution.

Les matériaux servant à sa construction sont le marbre, la pierre et le bois, surtout ce dernier dont l'usage se généralise au cours du siècle ; les essences à tissu fin et serré, telles que le chêne, le noyer et le hêtre, dont l'emploi permet un travail plus fini, seront recherchées par nos artistes, de préférence aux bois plus tendres, comme le tilleul et le sapin dont se serviront les Italiens et les Espagnols.

C'est seulement vers la fin du XVIᵉ siècle que nous voyons le style du cadre se modifier. Les lignes pures de la Renaissance vont céder la place à des formes plus lourdes. Le profil dit « à talon renversé », large et épaisse moulure dont le bord intérieur est en saillie sur le tableau, fait son apparition, d'abord timide, puis s'épanouit sous les règnes d'Henri IV et de Louis XIII.

L'influence méridionale se fait encore sentir ; les cadres de cette époque sont remarquables par l'exubérance de leur ornementation, la largeur et la lourdeur de leurs profils. Cette période marque un temps d'arrêt du goût français, entre l'élégance de la Renaissance et la majesté du XVIIᵉ siècle.

Cependant déjà, sous Louis XIII, il se produit une réaction contre les tendances italiennes et espagnoles. Vers la fin de ce règne, le cadre devient plus léger, l'ampleur de la bordure diminue, l'ornementation est plus sobre. Bientôt nous verrons apparaître des cadres au profil fait d'une gorge légèrement accentuée, entourée sur le bord externe par une guirlande de feuilles de chêne ou de laurier, en saillie sur le reste de la bordure, tandis qu'un décor simple, fait d'un ruban, de dents de loup ou de rais de cœur courra au long du bord interne. Depuis cette époque, l'art de l'encadrement a cessé d'être tributaire de l'étranger. Dégagées de toute empreinte extérieure, sa personnalité, son originalité vont s'affirmer de jour en jour ; le moment est venu où l'art français de l'encadrement va devenir sans rival et il conservera cette suprématie jusqu'à la fin du siècle suivant.

Dès la minorité de Louis XIV, le style des cadres s'affine ; les profils accusent une séparation plus nette entre les diverses courbes qui les caractérisent ; les ornements, moins nombreux, sont traités par le sculpteur et le doreur avec plus de précision et de soin.

Les bordures s'enrichissent de nouveaux éléments décoratifs ; les roses et les marguerites commencent à fleurir, soit qu'elles courent au long des frises, soit qu'on les réserve simplement pour décorer les angles du cadre, soit encore que, réunies en bouquets séparés par des feuilles ou des palmettes, elles étalent autour du cadre les délicats contours de leurs corolles mêlées aux branchages feuillus.

Sous le Grand Roi, le cadre observe le rythme élégant et fastueux qui caractérise tout le style de Louis XIV. Les roses et les marguerites continuent bien à fleurir au bord des cadres, mais le profil s'est modifié. Les plans qui le composent deviennent majestueux ; il y a, dans la mouluration, une solennité que ne connurent pas les styles précédents.

Large et creuse, elle s'élève sur le bord externe de la bordure pour s'abaisser en suivant une courbe savante jusqu'à quelques centimètres de l'objet qu'elle encadre. Là, elle devient horizontale pour reprendre bientôt sa course jusqu'au bord intérieur où elle vient doucement aboutir, comme si elle voulait recueillir tous les rayons lumineux qui viennent la frapper pour les projeter sur l'œuvre d'art qu'elle est destinée à entourer. Les styles précédents diffusaient la lumière, le cadre Louis XIV en réunit les faisceaux épars pour les concentrer sur le tableau.

L'ornementation varie selon le goût des artistes, mais les formules employées sont celles où dominent les feuillages stylisés qui prolongent ou arrêtent les courbes harmonieuses des rinceaux qui s'entrecroisent, les bouquets de fleurs qui semblent naître à l'extrémité des palmes et des crossettes pour se perdre sous les larges feuilles ou les coquilles qui décorent les angles et les milieux de la bordure. Tout cet ensemble décoratif est nouveau et semble bien fait pour mettre en valeur les tableaux qu'il a mission d'encadrer. Le talent du sculpteur et du doreur français ne connaît plus de rivaux ; le travail du premier est, à la fois, savant et robuste ; celui du second émerveille par sa précision, par le fini de la « reparure », par l'habileté avec laquelle il sait faire vibrer la splendeur des ors sur la somptuosité de l'ensemble.

❖
❖ ❖

Le cadre reflète l'image de la société dont il entoure les portraits. D'une élégance raffinée pendant la Renaissance, il devient prétentieux et exubérant à la fin du xvie siècle ; triste et sombre sous Louis XIII, il est noble et harmonieux à la fois sous Louis XIV. La hardiesse de la conception rivalise alors avec le fini de l'exécution ; le bois semble vibrer sous le ciseau du sculpteur, tandis que l'éclat des dorures s'efforce à symboliser le soleil qui est l'emblème du Grand Roi.

Mais dès l'aurore du XVIIIe siècle, encore sous le règne de Louis XIV, nous voyons la rigidité des lignes s'assouplir ; ainsi que la société, le style se modifie. Le goût n'est plus au décor solennel du précédent siècle ; à une époque de grandeur et de majesté va succéder une période de plaisir et de volupté.

Aussi bien, l'art décoratif n'échappe pas à l'ambiance et le style de la Régence montre l'affranchissement de toute contrainte, la revanche de l'esprit léger et frondeur sur la morgue du XVIIe siècle, autoritaire et guindé ; la grâce remplace la grandeur, l'élégance se substitue à la majesté. Les maîtres ornemanistes, libres de toute tutelle, vont donner cours à leur inspiration et doter l'art français des merveilles dues à la fantaisie de leur goût et à la richesse de leur inspiration.

Sous la baguette de magiciens tels que Robert de Cotte, Meissonier, Oppenord et Thomas Germain l'art décoratif français se métamorphose. Le cadre n'échappe pas à leur influence et va se transformer. Timide d'abord, cette évolution se fera sentir plus vivement ensuite, pour aboutir enfin au style Louis XV.

Dès la fin du XVIIe siècle, le cadre voit ses lignes, jusqu'alors rigides, s'assouplir. Des courbes gracieuses ondulent sur le flanc externe des bordures ; le profil des moulures s'infléchit doucement vers l'intérieur du cadre. Les axes de la décoration générale restent néanmoins en équilibre ; les ornements sont encore symétriques, mais le décor change ; les palmes, les coquilles, tous les ornements du Louis XIV vont se moderniser ; ils s'ajourent, se contournent, s'agrémentent de mille détails nouveaux qui font ressortir la grâce de l'ensemble tandis que vers la fin de la Régence apparaissent quelques timides essais du style rocaille.

Cette période, relativement brève, sert de prélude au style Louis XV.

La caractéristique de ce dernier est l'abandon définitif de la ligne droite dans l'encadrement. Les courbes se multiplient ; la gorge des profils s'arrondit ; les ornements sont retroussés, chavirés, percés à jour ; tous sont plus ou moins rocailleux. Les axes sont souvent déplacés, l'ornementation n'est plus symétrique. Mais, néanmoins, dans ce renversement de tout l'équilibre ornemental de l'art décoratif, la grâce voluptueuse s'épanouit, l'esprit français pétille dans la composition des cadres de cette époque. Ceux-ci semblent enlacer d'une lente caresse les tableaux qu'ils entourent ; ils donnent à l'ensemble de l'œuvre un air de gaîté, de souplesse raffinée, de grâce amoureuse et alanguie qu'on ne saurait trouver à aucune autre époque de l'art français.

Avant l'avènement de Louis XVI, le classicisme avait déjà repris ses droits, l'antiquité était de nouveau, à la mode.

Le cadre obéit aux tendances générales de cette époque. Les lignes droites font une nouvelle apparition. Le profil des bordures n'a plus les contorsions de l'âge précédent ; le cadre devient plat ou orné d'une gorge peu profonde, relevée sur les bords par un simple ornement : oves, perles, ruban, rais de cœur ou feuilles d'eau ; les angles sont ornés de feuilles qui ne font point saillie sur l'ensemble ; le fronton seul est décoré parfois d'un cartouche, d'un nœud de ruban ou d'une couronne de fleurs ou de feuillages, d'où se détachent des guirlandes sobrement retenues par un bouton ou une agrafe.

Le décor est sobre, léger et intime, mais la marque du goût et de l'esprit français persiste dans ce nouvel aspect de l'encadrement. Bien que sa simplicité frappe au premier abord, on s'aperçoit vite en étudiant les nouvelles formules qu'il émane d'elles une impression de distinction et de légèreté exquises qui fait de certains cadres de cette époque de véritables chefs-d'œuvre tant par le goût qui a présidé à leur composition que par la perfection de leur exécution.

Vers la fin du XVIII⁰ siècle, le cadre revêt une forme plus sévère ; son profil est caractérisé par une gorge profonde, unie ou bien ornée de canaux plus ou moins serrés sans autre ornement qu'une légère bordure de perles ou de rais de cœur, souvent en pâte. C'est l'époque de la Révolution et du Directoire. La belle période de l'encadrement est close. L'essor esthétique est interrompu brusquement.

Le premier Empire et la Restauration essayeront en vain de réveiller l'art des encadreurs définitivement endormi. Les cadres de cette époque sont monotones. Leur forme générale rappelle celle des cadres du Directoire ; une gorge profonde ornée de palmes, d'aigles, et plus tard de fleurs de lis, formera à peu près toute la décoration du cadre. Encore ces ornements ne seront-ils plus sculptés sur bois, dans l'immense majorité des cas, mais moulés en pâte et collés sur la bordure.

L'art français de l'encadrement a sombré dans la tourmente révolutionnaire et ce ne sont pas les tentatives faites sous Louis-Philippe, sous le Second Empire, et plus près de nous encore, qui le feront sortir de l'état léthargique dans lequel il semble plongé depuis plus de cent ans.

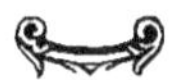

CATALOGUE

ART ITALIEN

N°s 1. Cadre de damier en os sculpté et avec incrustations de bois de couleur sur ébène. Ouvrage des Embriachi. Italie du Nord, xive s. (Coll. Sambon). Pl. n° 5. — 2. Cadre en bois sculpté, peint et doré. Montants plats ornés de fins reliefs à décor de chimères, flambeaux, bambins au milieu de volutes feuillagées. Italie, xvie s. (Coll. Sambon.) — 3. Cadre en bois mouluré et doré à plats ornés de reliefs « schiacciati », à volutes. Italie du Nord, commencement du xvie s. (Coll. Sambon). — 4. Autre de même facture et de même époque orné de reliefs « schiacciati » à étoiles et fleurons (Coll. Sambon). — 5. Cadre « à tabernacle ». Nord de l'Italie, xvie s. (Coll. Sambon). Pl. n° 15. — 6. Cadre rectangulaire en bois sculpté et doré ; moulures à la feuille de laurier; plats gaufrés. Italie, commencement du xvie s. (Coll. Sambon). — 7. Cadre italien en bois sculpté et doré à bordure entablée ; dans le bas, une planchette avec en haut relief, un cartouche enrubanné. Italie du Nord, xvie s. (Coll. Sambon. Anc. Coll. Bardini). Pl. n° 12. — 8. Grand cadre rectangulaire en bois mouluré, sculpté et doré. Sur les plats, des reliefs à décor de ceps de vigne reliés par des liens de jonc, traités à l'or bruni sur fond d'or gaufré. Italie, xvie s. (Coll. Sambon. Anc. Coll. Bardini). Pl. n° 16. — 9. Cadre vénitien à plats ornés de motifs dorés sur fond peint noir, et à bordures moulurées et sculptées ; encoignures en bois sculpté et doré. Venise, xvie s. (Coll. Sambon. Anc. Coll. Bardini). Pl. n° 17. — 10. Grand cadre vénitien avec angles à crossettes, à plats ornés de motifs dorés sur fond peint en bleu et à bordures moulurées et sculptées. Venise (Coll. Sambon. Anc. Coll. Bardini). — 11. Cadre italien à rocailles en bois sculpté et doré. Décor à feuillages et glands en haut relief. Venise, xvie s. (Coll. Sambon. — 12. Cadre italien à rocailles en bois sculpté et doré orné de hauts reliefs figurant des mascarons, des festons de fruits, des coquillages. Venise, xvie s. (Coll. Sambon). — 13. Cadre italien à bordures échancrées, les reliefs, dorés, à décor de volutes, se détachant sur fond bleu. Venise, fin du xvie s. (Coll. Sambon). Pl. n° 6. — 14. Cadre florentin rectangulaire en bois naturel à rehauts d'or. xvie siècle (Coll. Sambon. Anc. Coll. Bardini). — 15. Cadre florentin à tabernacle en noyer mouluré et sculpté. xvie s. (Coll. Sambon). Pl. n° 2. — 16. Cadre en bois sculpté à mascarons et cariatides. xvie s. (Coll. Larcade). — 17. Cadre florentin à tabernacle en noyer mouluré et sculpté à coquilles volutes et tête d'ange, style de l'Ammainati.

Italie, xviᵉ s. (Coll. Sambon. Anc. Coll. Pitti). — 18. Cadre de miroir florentin à cariatides en noyer à rehauts d'or. Italie, xviᵉ s. (Coll. Sambon. Anc. Coll. Bardini). — 19. Cadre en noyer sculpté à décor d'animaux fantastiques. Florence xviᵉ s. (Coll. Sambon). — 20. Cadre à fronton armorié, en bois sculpté et doré, orné de volutes, tête d'angelot et grappes de fruits. Venise, fin du xviᵉ s. (Coll. Sambon. Anc. Coll. Bardini). Pl. n° 20. — 21. Petit cadre en corne sculptée à décor de volutes, masques et cariatides. Italie, xviᵉ s. (Coll. Sambon). Pl. n° 18. — 22. Cadre à tabernacle revêtu de plaques en albâtre dont celles des montants sont ornées de colonnes en bas-relief. xviᵉ s. (Coll. Walter Gay). — 23. Cadre en bois sculpté à fronton architectural orné de colonnes en lapis. Fin xviᵉ s. (Coll. Walter Gay). — 24. Cadre Médicis à profil architectural en ébène mouluré et enjolivé de rinceaux dorés avec incrustations en pierres et appliques en bronze doré. Italie, xviᵉ s. (Coll. Alphonse Kann). — 25. Cadre italien à fronton architectural échancré en ébène mouluré et orné d'incrustations en lapis et grenats ainsi que d'appliques en bronze doré. Commencement du xviiᵉ s. (Coll. Sambon. Anc. Coll. Bardini). Pl. n° 10. — 26. Cadre florentin ovale en noyer sculpté et enjolivé de rehauts en or. Décor à mascarons et draperies. Italie, commencement du xviiᵉ s. (Coll. Sambon). Pl. n° 19. — 27. Cadre de « carta Gloria » en bois sculpté et partiellement doré. Italie, xviiᵉ s. (Coll. Sambon). — 28. Cadre italien à profil architectural en ébène mouluré orné de colonnettes en bronze doré. Commencement du xviiᵉ s. (Coll. Sambon). Pl. n° 9. — 29. Cadre semblable, orné de colonnettes fuselées en albâtre (Coll. Sambon. Anc. Coll. Bardini). — 30. Autre cadre semblable, orné de colonnes en bois peint (Coll. Sambon). — 31. Cadre en ébène orné de rondelles en marbre rouge filetées d'argent. Italie, ou Flandres xviiᵉ s. (Coll. Warneck). — 32. Deux cadres rectangulaires à guirlandes et festons en bois sculpté et doré aux deux couleurs. Rome. Époque Louis XVI (Coll. Sambon). Pl. n° 36. — 33. Deux cadres se faisant pendant en bois sculpté et doré à décor chinoisant. Venise, xviiiᵉ s. (Coll Sambon). Pl. n° 37. — 34-40. Série de cadres vénitiens à rocailles en bois sculpté et doré. Venise, xviiiᵉ s. (Coll. Sambon). Pl. n⁰ˢ 32 à 35. — 41. Cadre en bois sculpté et doré. Italie, époque Louis XVI (Coll. Sambon). Pl. n° 25. — 42. Cadre en filigrane d'argent à volutes et feuillages. Venise, xviiᵉ s. (Coll. Sambon). — 43. Petit cadre ovale en argent à volutes ajourées renfermant des diamants et des rubis. xviiiᵉ s (Coll. Sambon).

ART FRANÇAIS

Nᵒˢ 44. Deux fragments de cadres français du xviᵉ s. (Coll. Loyer). Pl. n⁰ˢ 1 et 14. — 45. Cadre attribué à Benvenuto Cellini en cuivre doré orné d'incrustations de lapis et agates. Décor ciselé représentant des figures de la Renommée, des trophées, des sujets de chasse et des mascarons. École de Fontainebleau, xviᵉ s. (œuvre de maîtrise) (Coll. E. Larcade). — 46. Cadre rectangulaire de style italien à cariatides en noyer sculpté à rehauts d'or. France ? Fin du xviᵉ s. (Coll. Sambon), Pl. n° 3.

— 47. Cadre en bois cerisier naturel, dit de Sainte-Lucie, sculpté à décor de volutes, de branches fleuries enjolivées de têtes de chimères. Au centre, initiales entrelacées surmontées d'une couronne. Ouvrage de Bagard de Nancy. Époque Louis XIII (Coll. Landau). — 48. Cadre de maîtrise en bois sculpté et doré à décor de feuillages et fleurs. Époque Louis XIII (Coll. Sambon). Pl. n° 11. — 49. Cadre en bois sculpté à décors de rinceaux. Époque Louis XIII (Coll. P. Jamot). — 50. Petit cadre rectangulaire en cuivre doré et ciselé à décor de feuillages et fruits. France. Époque Louis XIII. (Coll. Sambon). — 51. Petit cadre en bois sculpté et doré, de forme ovale, bordure ornée de feuilles de géranium et de grains d'orge. Époque Louis XIII. (Coll. Loyer). Pl. n° 31. — 52. Cadre *triomphe* en bois sculpté et doré à sujet de masques et de trophées d'armes. (Il encadre un portrait de Louis XIV.) Époque Louis XIV. (Coll. du baron E. Fould). Pl. n° 21. — 53. Cadre en bois sculpté et doré à cartouches feuillagés et rosaces. Époque Louis XIV (Coll. Sambon). — 53 *bis*. Cadre en bois sculpté et doré, aux angles faits d'une palmette, aux milieux ornés de carquois et de flèches, parties intermédiaires décorées de rinceaux, de feuillages et de fleurettes. Époque de Louis XIV. (Coll. Loyer). Planche n° 22. — 54. Cadre en bois sculpté et doré, à talon uni, avec écussons aux coins et dans le milieu des montants dans le goût de Berain. Époque Louis XIV (Coll. E. Bourdier). — 55. Cadre à ornements suivis. Époque Louis XIV (Coll. E. Bourdier). — 56. Petit cadre en bois sculpté et doré. Époque de Louis XIV. (Coll. Paul Mathey). — 57. Petit cadre aux cartouches fleuris. Époque Louis XIV. (Coll. Sambon). — 58. Cadre en bois sculpté et doré à décor de volutes feuillagés et fleuries. Transition entre le règne de Louis XIV et celui de Louis XV (Coll. Sambon). — 59. Petit cadre à décor de volutes ajourées. Œuvre de maîtrise. Époque Régence (Coll. Walter Gay). — 60. Cadre en bois sculpté et doré, à bordure externe festonnée ; présentant, aux angles, un médaillon entouré d'une guirlande de feuillages ; au milieu, une palme reliée aux coins par un décor de rinceaux. Époque de la Régence. (Coll. Loyer). — 61. Cadre en bois sculpté et doré à coins et milieux jeux de fonds. Époque Régence (Coll. E. Bourdier). — 62. Autre à décor de fleurs. Époque Louis XV (Coll. E. Bourdier). — 63. Autre à coins et milieux, enroulement de fleurs. Époque de transition fin Louis XV (Coll. E. Bourdier). — 64. Cadre en bois sculpté et doré, à décor de rocailles; orné de coins et de milieux faits de coquilles ajourées ; à double bordure extérieure formée de roseaux sur lesquels s'entrecroisent des guirlandes de lierre et de fleurs. Époque de Louis XV (Coll. Loyer). Pl. n° 21. — 65. Tout petit cadre en bois sculpté et doré à coins et bords ajourés, destiné à entourer une miniature. Époque Louis XIV. Pl. n° 30. — 66. Cadre en bois sculpté et doré (Coll. Bourdier). — 67. Cadre en bois sculpté et doré, à coins faits d'une coquille ajourée, reliés par des baguettes contournées et des bouquets de fleurs. Époque de Louis XV (Coll. Loyer). Pl. n° 25. — 68. Petit cadre en bois sculpté et doré, moulure ornée d'un fronton fait d'un médaillon ovale entouré de guirlandes de feuilles de lauriers qui viennent tomber de chaque côté des montants ; encadrement destiné à recevoir un thermomètre ou une page d'almanach. Époque de Louis XVI. — 69.

Petit cadre en bois sculpté et doré, ayant la même destination que le précédent, son fronton est orné d'attributs géographiques. Époque de Louis XVI. Pl. n°" 28 et 29. — 70. Cadre en bois sculpté et doré, à bordure décorée de perles et de rais de cœur; orné dans sa partie supérieure, d'un cartouche dont l'écu central est entouré du collier de Saint-Michel ; des doubles guirlandes de fleurs s'accrochent de chaque côté du cartouche et viennent reposer sur le bord extérieur du cadre. Du milieu de la bordure inférieure se détache une plaque rectangulaire, entourée de perles, destinée à recevoir le nom de l'artiste, auteur du tableau, que ce cadre était destiné à entourer. Époque de Louis XVI. Pl. n° 27. — 71. Cadre en bois sculpté et doré à décor de feuilles d'acanthe et pirouettes. Époque Louis XVI (Coll. E. Bourdier). — 72. Cadre à décor d'enroulement de fleurs. Époque Louis XVI (Coll. Walter Gay). — 73. Autre à cartouche. Époque Louis XVI (Coll. Walter Gay). — 74. Cadre rectangulaire en acier poli et perlé imitant le strass. Angleterre, xviii' s. (Coll. Sambon). — 75-80. Série de petits cadres ovales en cuivre doré et ciselé. Époque Louis XVI (Coll. Sambon). — 81-86. Choix de petits cadres du xviii' siècle (Musée des Arts décoratifs, Pavillon Marsan, Louvre).

MACON, PROTAT FRÈRES, IMPRIMEURS.

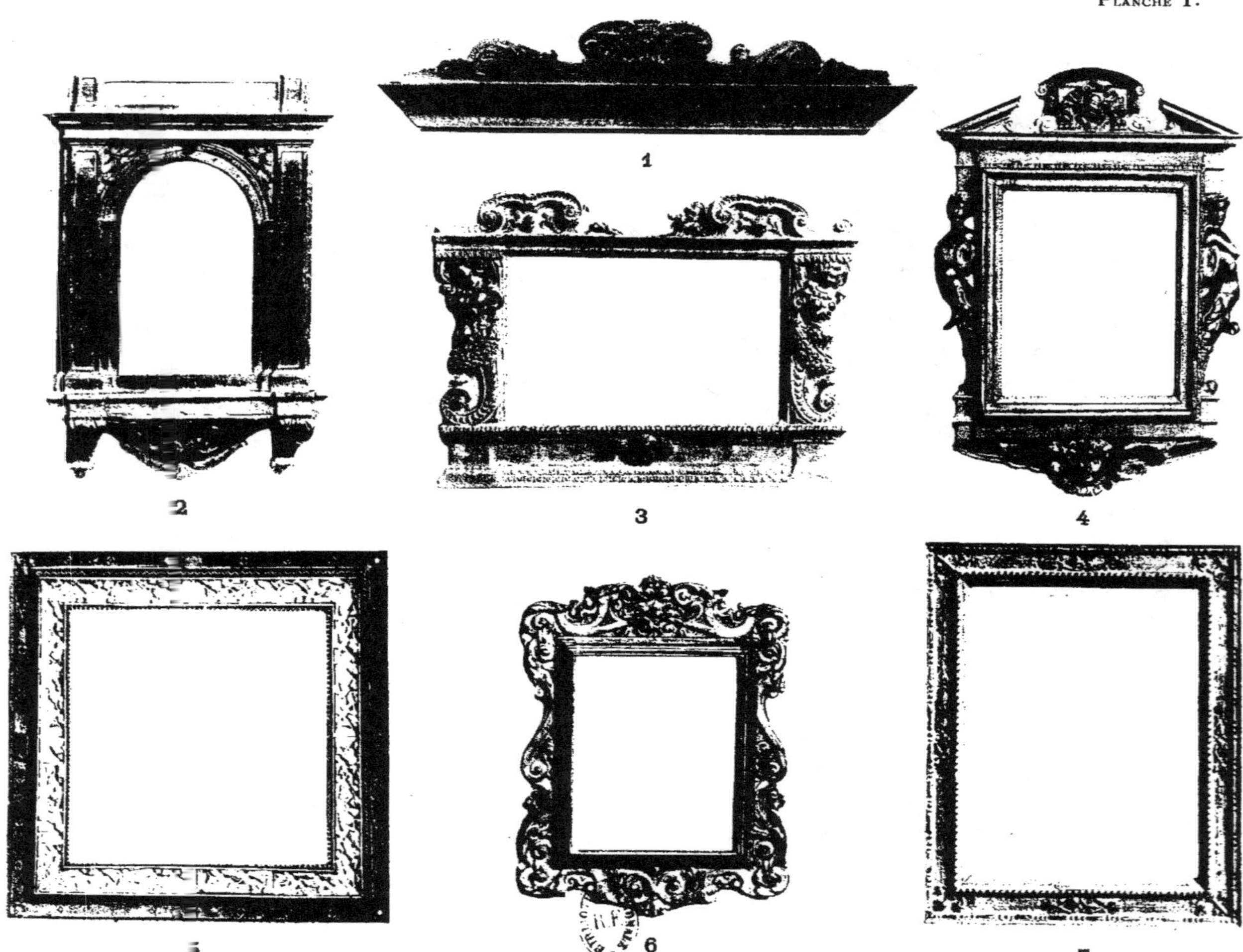

1
2
3
4
5
6
7

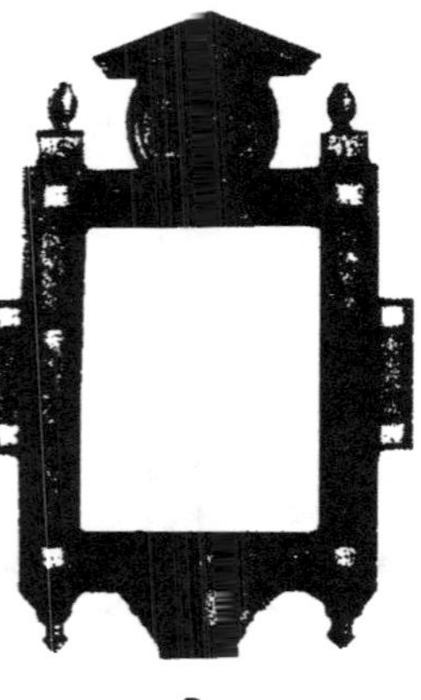

8

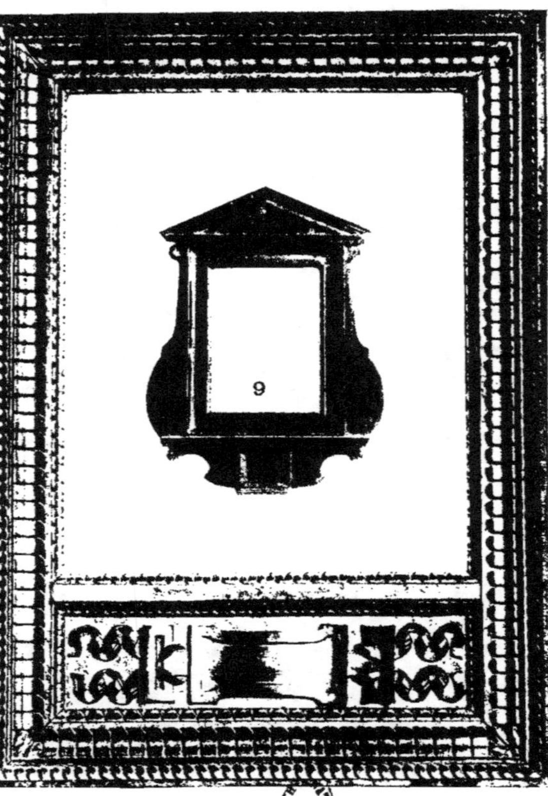

9

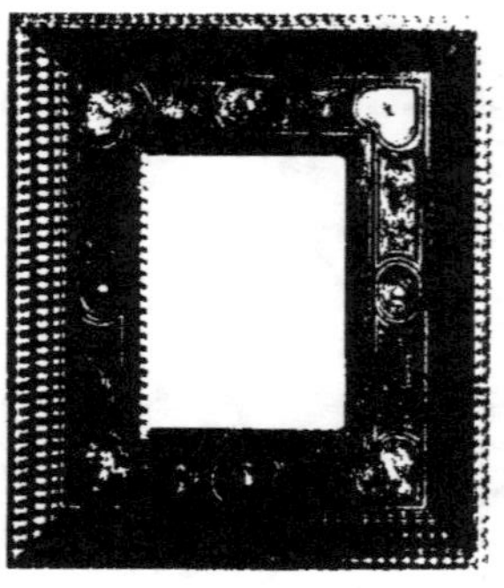

10

11

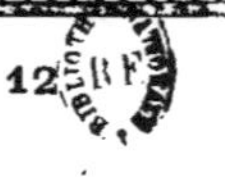

12

13

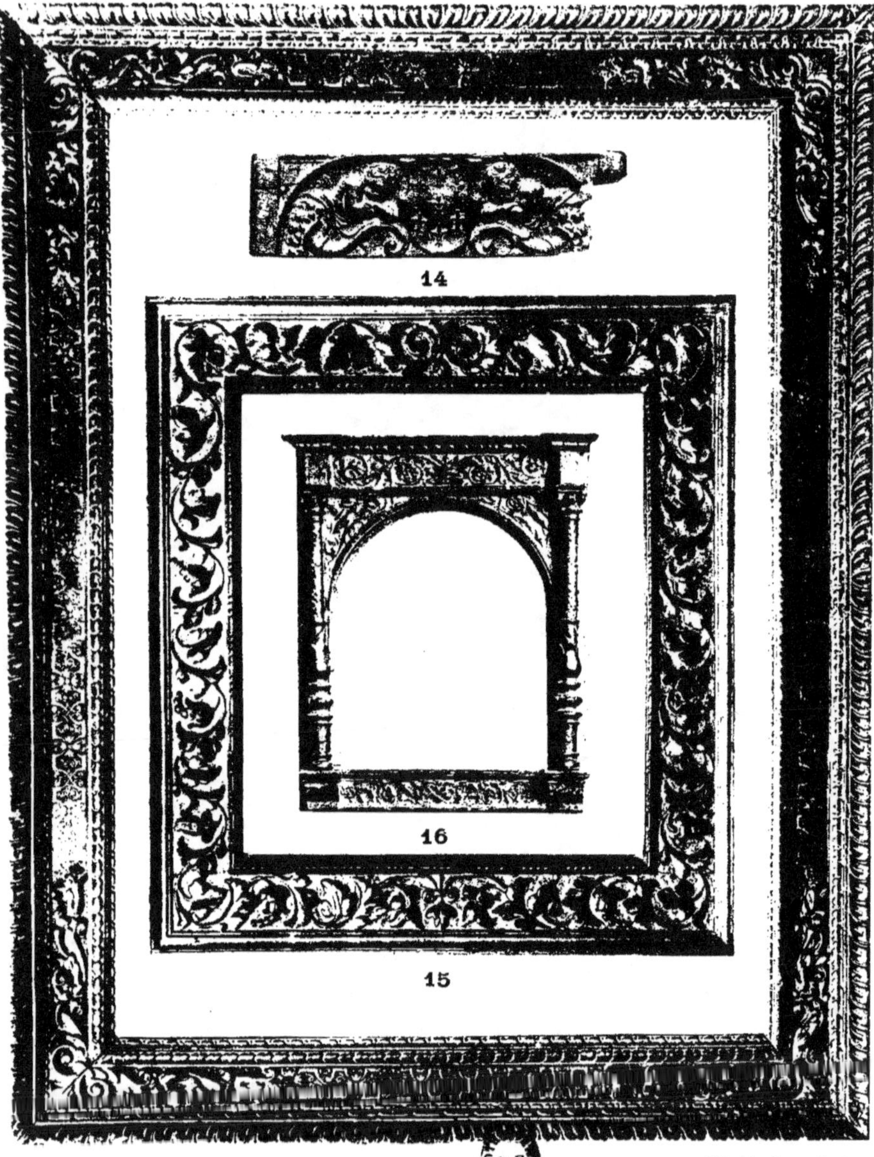

14

16

15

17

Hélio Léon Marotte Paris

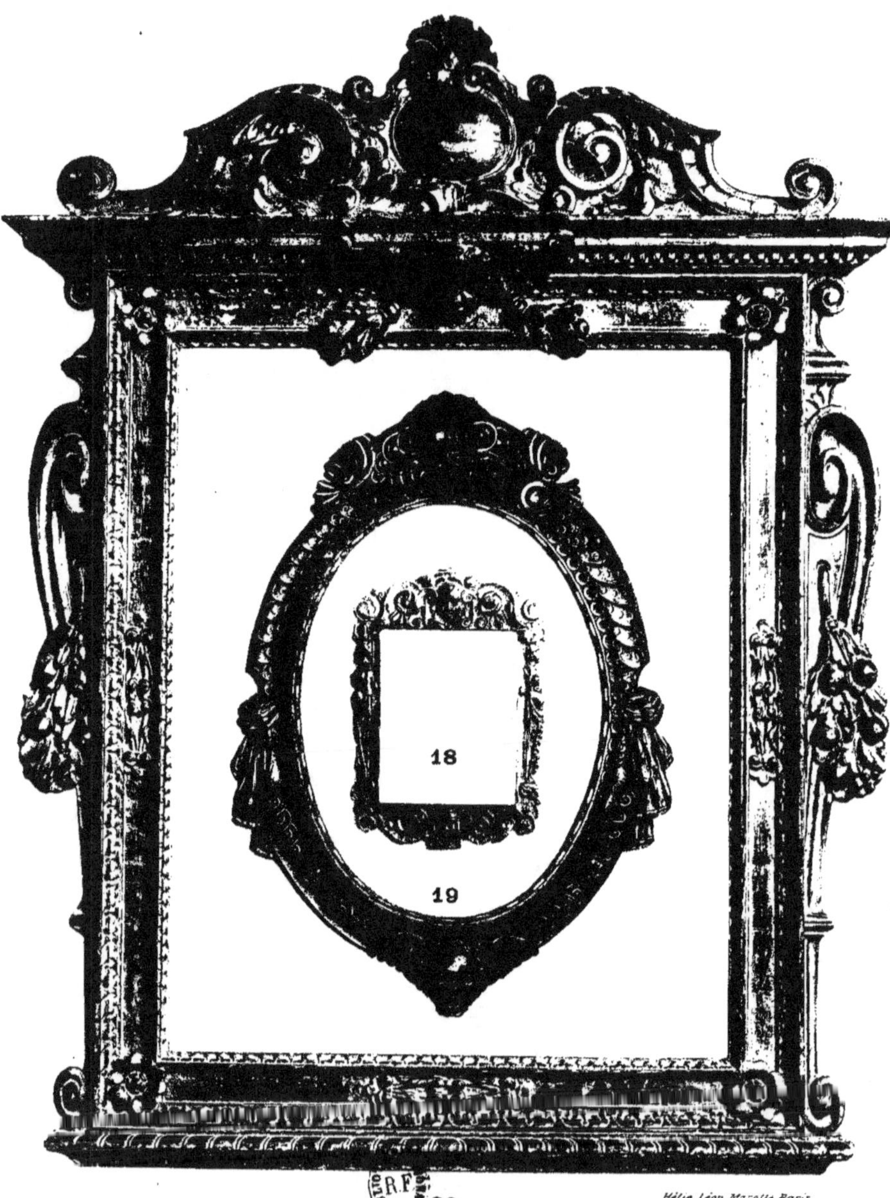
18
19
20

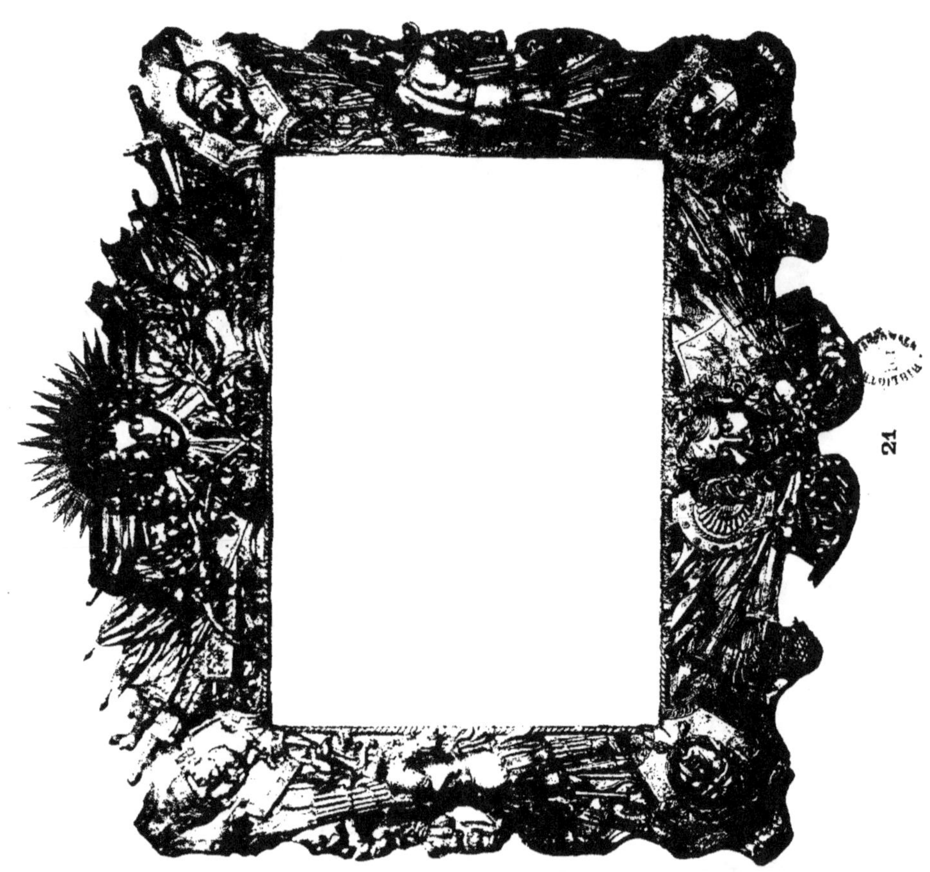

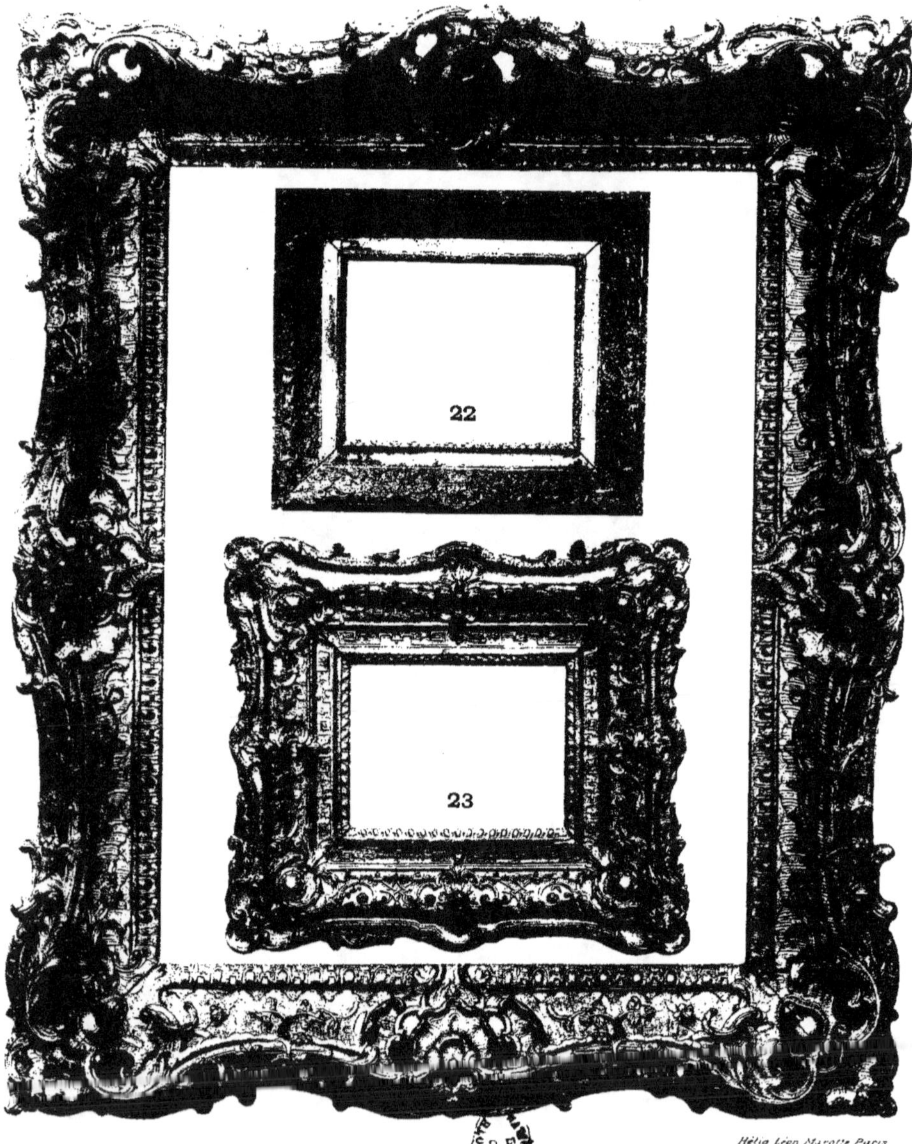

Hélio Léon Marotte Paris

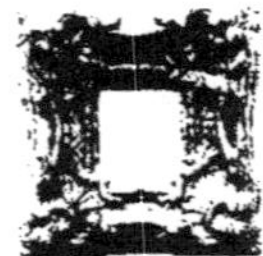

28
29
25
26
30
27
31

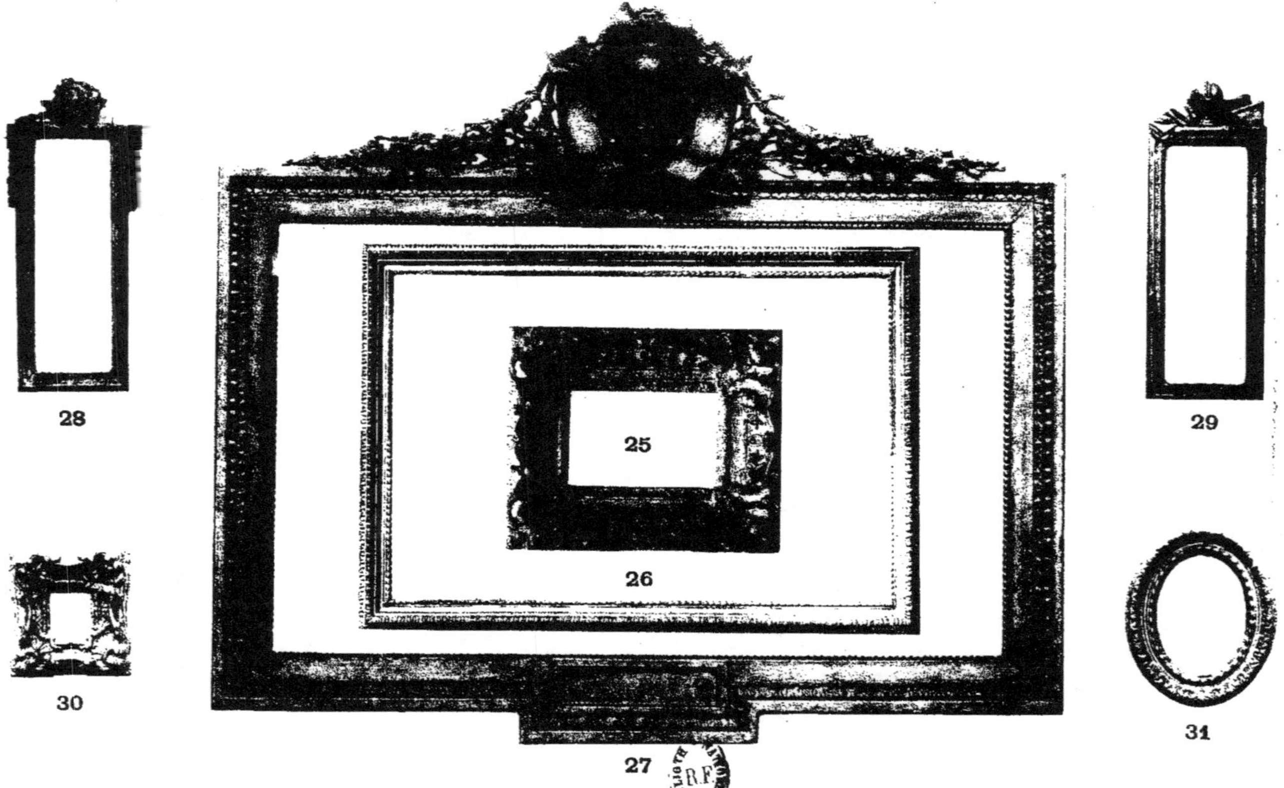

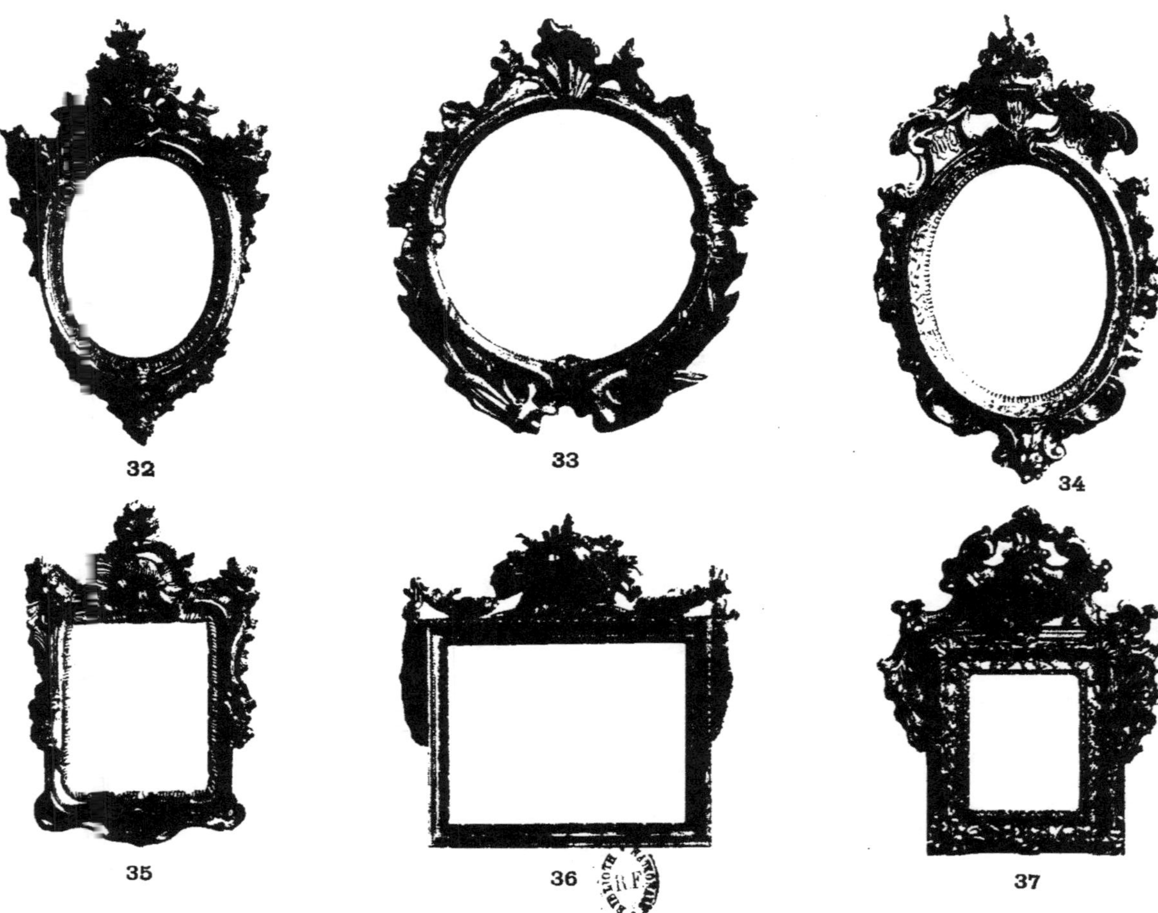
32
33
34
35
36
37